Todos los libros de Linkgua Ediciones cuentan con modelos de Inteligencia Artificial entrenados por hispanistas. Pregúntale al chat de tu libro lo que desees acerca de la obra o su autor/a.

Para ebooks: Accede a nuestro modelo de IA a través de este enlace.

Para libros impresos: Escanea el código QR de la portada con tu dispositivo móvil.

Obtén análisis detallados de nuestros libros, resúmenes, respuestas a tus preguntas y accede a nuestras ediciones críticas generativas para una experiencia de lectura más enriquecedora.
La transparencia y el respeto hacia la autoría de las fuentes utilizadas son distintivos básicos de nuestro proyecto. Por ello, las respuestas ofrecen, mediante un sistema de citas, las fuentes con las que han sido elaboradas.

Toribio de Benavente de Motolinía

# Carta de fray Toribio de Motolinía al emperador Carlos V

Barcelona 2024
Linkgua-ediciones.com

## Créditos

Título original: Carta de fray Toribio de Motolinía al emperador Carlos V.

© 2024, Red ediciones.

e-mail: info@linkgua.com

Diseño cubierta: Michel Mallard

ISBN rústica ilustrada: 978-84-9007-176-2.
ISBN ebook: 978-84-9816-341-4.

«Cualquier forma de reproducción, distribución, comunicación pública o transformación de esta obra solo puede ser realizada con la autorización de sus titulares, salvo excepción prevista por la ley. Diríjase a CEDRO (Centro Español de Derechos Reprográficos, www.cedro.org) si necesita fotocopiar, escanear o hacer copias digitales de algún fragmento de esta obra».

# Sumario

## Brevísima presentación

La vida

Toribio de Benavente Motolinía (Benavente...-1565, México). España.

Nació a finales del siglo XV y murió en México. Su apellido real era Paredes.

Fue uno de los doce franciscanos que difundieron el cristianismo en México bajo la obediencia de fray Martín de Valencia.

El 25 de enero de 1524 partieron de Sanlúcar, España. Poco después el fraile adoptó el apelativo de Motolinía que significa desdichado, infeliz, pobre, y alcanzó Guatemala y Nicaragua, fundando varios conventos.

Hacia 1536 era guardián del convento de Tlaxcala donde inició su Historia de los Indios de Nueva España, una de las mejores fuentes para conocer cómo fue la evangelización de la Nueva España.

Escrita en 1555, esta célebre carta al emperador arremete contra Bartolomé de las Casas en defensa de la Conquista, de los colonos y de la evangelización, y censura sus inexactitudes y sus desaforados ataques a los españoles.

## Carta de fray Toribio de Motolinía al Emperador Carlos V

S C. C. M. Gracia y misericordia y paz à Deo patre nostro et Dño. Jesu-Xpo.

Tres cosas principalmente me mueven a escribir esta a V. M., y creo serán parte para quitar parte de los escrúpulos quel de las Casas, Obispo que fue de Chiapa, pone a V. M. y a los de vuestros Consejos, y más con las cosas que agora escribe y hace imprimir: la primera será hacer saber a V. M. Como el principal señorío desta nueva España cuando los Españoles en ella entraron, no había muchos años questaba en México o en los mexicanos, y cómo los mismos mexicanos lo habían ganado o usurpado por guerra; por que los primeros y propios moradores desta nueva España era una gente que se llamaba Chichimecas y Otomíes, y estos vivían como salvajes, que no tenían casas sino chozas y cuevas en que moraban: estos ni sembraban ni cultivaban la tierra, mas su comida y mantenimiento eran yerbas y raíces, y la fruta que hallaban por los campos, y la caza que con sus arcos y flechas cazaban seca al Sol la comían; y tampoco tenían ídolos ni sacrificios, mas de tener por dios al Sol, e invocar otras criaturas: después destos vinieron otros indios de lejos tierra que se llamaron de Culhua, estos truxeron maíz y otras semillas y aves domésticas; estos comenzaron a edificar casas y cultivar la tierra, y a la desmontar; y como estos se fuesen multiplicando y fuese gente de mas habilidad y de mas capacidad que los primeros habitadores, poco a poco se fueron enseñoreando en esta tierra que su propio nombre es Anávac: después de pasados muchos años vinieron los Indios llamados mexicanos, y este nombre lo tomaron o les pusieron por un ídolo o principal dios que consigo truxeron, que se llamaba Mexitie, y por otro nombre se llama Texcatlicupa; y este fue el ídolo o demonio que mas generalmente se adoró por toda esta tierra, delante el cual fueron sacrificados muy muchos hombres: estos mexicanos se enseñorearon en esta nueva España por guerras; pero el señorío principal de esta tierra primero estuvo por los de Culhua en un pueblo llamado Culhuacan questá dos leguas de México; y después también por guerras estuvo el señorío en un señor y pueblo que se llama Ascapulco (Azcapotzalco), una legua de México, según que mas largamente yo le escribí al Conde de Benavente en una relación de los ritos y antiguallas desta tierra.

Sepa V. M. que cuando el Marques del Valle entró en esta tierra, Dios nuestro Señor era muy ofendido y los hombres padecían muy cruelísimas muertes, y el demonio nuestro adversario era muy servido con las mayores idolatrías y homicidios mas crueles que jamás fueron; porque el antecesor de Motecçuma señor de México, llamado Abicoci (Ahuizotl), ofreció a los Indios (sic) en un solo templo y en un sacrificio que duró tres o cuatro días ochenta mil y cuatrocientos hombres, los cuales traían a sacrificar por cuatro calles en cuatro hileras hasta llegar delante de los ídolos al sacrificadero: y cuando los Cristianos entraron en esta nueva España, por todos los pueblos y provincias della había muchos sacrificios de hombres muertos mas que nunca, que mataban y sacrificaban delante de los ídolos, y cada día y cada ora ofrecían a los demonios sangre humana por todas partes y pueblos de toda esta tierra, sin otros muchos sacrificios y servicios que a los demonios siempre y públicamente hacían, no solamente en los templos de los demonios, que casi toda la tierra estaba llena dellos, mas por todos los caminos y en todas las casas y toda la gente bacava al servicio de los demonios y de los ídolos; pues impedir y quitar estas y otras muchas abominaciones y pecados y ofensas que a Dios y al próximo públicamente eran hechas, y plantar nuestra santa fe católica, levantar por todas partes la cruz de Jesu-Cristo y la confesión de su santo nombre, y haber Dios plantado una tan grande conversión de gentes donde tantas almas se han salvado y cada día se salvan, y edificar tantas Iglesias y Monasterios, que de solos Frailes menores hay mas de cincuenta Monasterios habitados de Frailes, sin los Monasterios de Guatemala y Yucatán, y toda esta tierra puesta en paz y en justicia, que si V. M. viese cómo por toda esta nueva España se celebran las Pascuas y festividades, y cuán devotamente se celebran los oficios de la Semana Santa y todos los Domingos y fiestas, daría mil veces alabanzas y gracias a Dios. No tiene razón el de las Casas de decir lo que dice y escribe y emprime, y adelante, porque será menester, yo diré sus celos y sus obras hasta donde allegan y en qué paran, si acá ayudó a los Indios o los fatigó: y a V. M. omilmente suplico por amor de Dios, que agora que el Señor ha descubierto tan cerca de aquí la tierra de la Florida, que desde el río de Pánuco, ques desta gobernación de México, hasta el río grande de la Florida donde se paseó el capitán Soto mas de cinco años, no hay mas de ochenta leguas, que en estos nuestros tiempos y especialmente en esta tierra es como ocho leguas, y los pueblos a V. M. sujetos pasan de aquella parte del río de Pánuco, y antes del río de la Florida hay también muchos pueblos, de manera que aun la distancia es mucho menos: por amor de Dios V. M. se compadezca de aquellas ánimas, y se compadezca y duela de las ofensas que allí se hacen a Dios, e impida los sacrificios e idolatrías que allí se hacen a los demonios, y mande con la mas brevedad y por el mejor medio que según hombre y ungido de Dios y capitán de su Santa Iglesia, dar orden de manera que aquellos Indios infieles se les predique el santo evangelio, y no por la manera quel de las Casas ordenó, que no se ganó mas que de echar en costa a V. M. de dos o tres mil pesos de aparejar y proveer un navío, en el cual fueron unos padres Dominicos a predicar a los Indios de la Florida con la instrucción que les dio, y en saltando en tierra sin llegar a pueblo, en el puerto luego mataron la mitad dellos, y los otros volvieron huyendo a se meter en el navío, y acá tenían qué contar cómo se habían escapado: y no tiene V. M. mucho que gastar ni mucho que enviar de allá de España, mas de mandarlo, y confío en nuestro Señor que muy en breve se siga una grande ganancia Espiritual y temporal, y acá en esta nueva España hay mucho caudal para lo que se requiere, porque hay Religiosos ya experimentados, que mandándoselo la obidencia irán y se pondrán a todo riesgo para ayudar a la salvación de aquellas ánimas: asimismo hay mucha gente Despañoles y ganados y caballos, y todos los que acá aportaron que escaparon de la compañía de Soto, que no son pocos, desean volver allá por la bondad de la tierra: y esta salida de gente conviene mucho, para esta tierra, porque se le dé una puerta para la mucha gente que hay ociosa, cuyo oficio es pensar y hacer mal. Y esta es la segunda cosa que yo pobre de parte de Dios a V. M. suplico.

La tercera cosa es rogar por amor de Dios a V. M. que mande ver y mirar a los Letrados, así de vuestros Consejos como a los de las Universidades, si los conquistadores encomenderos y mercaderes desta nueva España están en estado de recibir el sacramento de la penitencia y los otros Sacramentos, sin hacer instrumento público por escritura y dar caución juratoria, por que afirma el de las Casas que sin estas y otras diligencias no pueden ser absueltos, y a los confesores pone tantos escrúpulos, que no falta sino ponellos en el infierno, y así es menester esto se consulte con el sumo Pontífice, por que qué nos aprovecharía a algunos que hemos bautizado mas de cada trescientas mil ánimas y desposado y velado otras tantas y confesado otra grandísima multitud, si por haber confesado diez o doce conquistadores, ellos y nos hemos de ir al infierno: dice el de las Casas que todo lo que acá tienen los Españoles, todo es mal ganado, aunque lo hayan habido por granjerías; y acá hay muchos labradores y oficiales y otros muchos que por su industria y sudor tienen de comer. Y para que mejor se entienda cómo lo dice o imprime, sepa V. M. que puede haber cinco o seis años que por mandado de V. M. y de vuestro Consejo de Indias me fue mandado que recogiese ciertos confesionarios quel de las Casas dejaba acá en esta nueva España escritos de mano entre los Frailes menores, y los di a don Antonio de Mendoza vuestro Visorrey, y él los quemó por que en ellos se contenían dichos y sentencias falsas y escandalosas: agora en los postreros navíos que aportaron a esta nueva España han venido los ya dichos confesionarios impresos, que no pequeño alboroto y escándalo han puesto en toda esta tierra, porque a los conquistadores y encomenderos y a los mercaderes los llama muchas veces, tiranos robadores, violentadores, raptores, predones; dice que siempre y cada día están tiranizando los Indios: asimismo dice que todos los tributos de Indios son y han sido mal llevados, injusta y tiránicamente; si así fuese buena estaba la conciencia de V. M. pues tiene y lleva V. M. la mitad o mas de todas las provincias y pueblos mas principales de toda esta nueva España, y los encomenderos y conquistadores no tienen mas de lo que V. M. les manda dar, y que los Indios que tuvieren sean tasados moderadamente, y que sean muy bien tratados y mirados, como por la bondad de Dios el día de hoy lo son casi todos, y que les sea administrada doctrina y justicia, así se hace: y con todo esto el de las Casas dice lo ya dicho y mas, de manera que la principal injuria o injurias hace a V. M. y condena a los Letrados de vuestros Consejos llamándolos muchas veces injustos y tiranos: y también injuria y condena a todos los Letrados que hay y ha habido en toda esta nueva España, así Eclesiásticos como seculares, y a los Presidentes y Audiencias de V. M.; porque ciertamente el Marques del Valle, y don Sebastián Ramírez, Obispo, y don Antonio de Mendoza, y don Luis de Velasco que agora gobierna con los Oidores, han regido y gobernado y gobiernan muy bien ambas repúblicas de Españoles e indios: por cierto para con unos poquillos cánones quel de las Casas oyó, él se atreve a mucho, y muy grande parece su desorden y poca su humildad; y piensa que todos yerran y quel solo acierta, porque también dice estas palabras que se siguen a la letra: todos los conquistadores han sido robadores, raptores y los mas calificados en mal y crueldad que nunca jamás fueron, como es a todo el mundo ya manifiesto: todos los conquistadores dice, sin sacar ninguno; ya V. M. sabe las instrucciones y mandamientos que llevan y han llevado los que van a nuevas conquistas, y cómo las trabajan de guardar, y son de tan buena vida y conciencia como el de las Casas, y de mas reto y santo celo. Yo me maravillo cómo V. M. y los de vuestros Consejos han podido sufrir tanto tiempo a un hombre tan pesado, inquieto e importuno, y bullicioso y pleitista en hábito de religión, tan desasosegado, tan mal criado y tan injuriador y perjudicial, y tan sin reposo: yo ha que conozco al de las Casas quince años, primero que a esta tierra viniese, y él iba a la tierra del Perú, y no pudiendo allá pasar estuvo en Nicaragua y no sosegó allí mucho tiempo; y de allí vino a Guatemala, y menos paró allí, y después estuvo en la nación de Guajaca, y tan poco reposo tuvo allí como en las otras partes; y después que aportó a México estuvo en el Monasterio de Santo Domingo, y en él luego se hartó, y tornó a vaguear y andar en sus bullicios y desasosiegos, y siempre escribiendo procesos y vidas ajenas, buscando los males y delitos que por toda esta tierra habían cometido los Españoles, para agraviar y encarecerlos males y pecados que han acontecido: y en esto parece que tomaba el oficio de nuestro adversario, aunquel pensaba ser mas celoso y mas justo que los otros Cristianos y mas que los Religiosos, y él acá apenas tuvo cosa de religión: una vez estaba él hablando con unos Frailes y decíales, que era poco lo que hacía que no había resistido ni derramado su sangre; como quiera que el menor dellos era mas siervo de Dios, y le servían mas, y velaban mas las ánimas y la religión y virtudes que no él, con muchos quilates, por que todos sus negocios han sido con algunos desasosegados para que le digan cosas que escriba conformes a su apasionado espíritu contra los Españoles, mostrándose que ama mucho a los Indios y quel solo los quiere defender y favorecer mas que nadie; en lo cual acá muy poco tiempo se ocupó si no fue cargándolos y fatigándolos: vino el de las Casas siendo Fraile simple y aportó a la Ciudad de Tlascala y traía tras de sí cargados 27 o 37 Indios que acá llaman Tamemes, y en aquel tiempo estaban ciertos Obispos y Perlados examinando una bula del Papa Paulo que habla de los matrimonios y bautismo, y en este tiempo pusiéronnos silencio que no bautizásemos a los Indios adultos, y había venido un Indio de tres o cuatro jornadas a se bautizar, y había demandado el bautismo muchas veces, y estaba bien aparejado, catetizado y enseñado: entonces yo con otros Frailes rogamos mucho al de las Casas que bautizase aquel Indio por que venía de lejos, y después de muchos ruegos demandó muchas condiciones de aparejos para el bautismo, como si él solo supiera mas que todos, y ciertamente aquel Indio estaba bien aparejado: y ya que dijo que lo bautizaría, vistióse una sobrepelliz con su estola; y fuimos con él tres o cuatro Religiosos a la puerta de la Iglesia do el Indio estaba de rodillas, y no sé qué achaque se tomó que no quiso bautizar al Indio, y dejónos y fuese: yo entonces dije al de las Casas: cómo, padre, todos vuestros celos y amor que decís que tenéis a los Indios se acaba en traerlos cargados, y andar escribiendo vidas de Españoles y fatigando los Indios, que solo vuestra caridad traéis cargados mas Indios, que solo vuestra caridad traéis cargados mas Indios que treinta Frailes; y pues un Indio no bautizáis ni doctrináis, bien seria que pagásedes a cuantos traéis cargados y fatigados: entonces como está dicho traía 27 o 37 cargados, que no me recuerdo bien el número, y todo lo mas que traía en aquellos Indios eran procesos y escrituras contra Españoles, y bujerías de nada, y cuando fue allá a España, que volvió Obispo, llevaba ciento y veinte Indios cargados sin pagarles nada, y agora procura allá con V. M. y con los del Consejo de Indias, que acá ningún Español pueda traer Indios cargados pagándolos muy bien, como agora por todas partes se pagan, y los que agora demandan no son sino tres o cuatro para llevar la cama y comida, porque por los caminos no se halla: después desto acá siempre anduvo desasosegado, procurando negocios de personas principales, y lo que allá negoció fue venir Obispo de Chiapa, y como no cumplió lo que acá prometió negociar, el padre fray Domingo de Betanzos, que lo tenía bien conocido, le escribió una carta bien larga, y fue muy pública, en la cual le declaraba su vida y sus desasosiegos y bullicios, y los perjuicios y daños que con sus informaciones y celos indiscretos había causado por do quiera que andaba; especialmente cómo en la tierra del Perú había sido causa de muchos escándalos y muertes, y agora no cesa allá do está de hacer lo mismo, mostrándose que lo hace con celo que tiene a los Indios; y por una carta que de acá alguno le escribe, y no todas veces verdadera, muéstrala a V. M. o a los de su Consejo, y por una cosa particular que le escriben procura una cédula general, y así turba y destruye acá la gobernación y la república, y en esto paran sus celos: cuando vino Obispo y llegó a Chiapa, cabeza de su Obispado, los de aquella ciudad le recibieron, por envialle V. M., con mucho amor y con toda humildad, y con palio le metieron en su Iglesia, y le prestaron dineros para pagar deudas que de España traía, y dende a muy pocos días descomúlgalos y póneles 15 o 16 leyes, y las condiciones del confesonario, y déjalos y vase adelante; a esto le escribía el de Betanzos, que las ovejas había vuelto cabrones, y de buen carretero echó el carro delante y los bueyes detrás: entonces fue al reino que llaman de la Verapaz, del cual allá ha dicho ques grandísima cosa y de gente infinita; esta tierra es cerca de Guatemala, y yo he andado visitando y enseñando por allí, y llegué muy cerca, porquestaba dos jornadas della, y no es de diez partes la una de la que allá han dicho y significado. Monasterio hay acá en lo de México que doctrina y besita diez tanta gente que la que hay en el reino de la Verapaz, y desto es buen testigo el Obispo de Guatemala: yo vi la gente ques de pocos quilates y menos que otra: después el de las Casas tornó a sus desasosiegos, y vino a México, y pidió licencia al Visorrey para volver allá a España, y aunque no se la dio no dejó de ir allá sin ella, dejando acá muy desamparadas y muy sin remedio las ovejas y ánimas a él encomendadas, así Españoles como Indios; fuera razón, si con él bastase razón, de hacerle luego dar la vuelta para que siquiera perseverara con sus ovejas dos o tres años; pues como más santo y más sabio es este que todos cuantos Obispos hay y han habido, y así los Españoles dice que son incorregibles, trabajara con los Indios y no lo dejara todo perdido y desamparado: habrá cuatro años que pasaron por Chiapa y su tierra dos Religiosos, y vieron cómo por mandado del de las Casas, aun en el artículo de la muerte no absolvían a los Españoles que pedían la confesión, ni había quien bautizase los niños hijos de los Indios que por los pueblos buscaban el bautismo, y estos Frailes que digo bautizaron muy muchos. Dice en aquel su confesionario que los encomenderos son obligados a enseñar a los Indios que le son encargados, y así es la verdad; mas decir adelante que nunca ni por entresueño lo han hecho, en esto no tiene razón, porque muchos Españoles por sí y por sus criados los han enseñado según su posibilidad, y otros muchos a do no alcanzan Frailes han puesto Clérigos en sus pueblos, y casi todos los encomenderos han procurado Frailes, ansí para los llevar a sus pueblos como para que los vayan a enseñar y a les administrar los santos sacramentos: tiempo hubo que algunos Españoles ni quisieran ver Clérigo ni Fraile por sus pueblos, mas días ha que muchos Españoles procuraran Frailes, y sus Indios han hecho Monasterios, y los tienen en sus pueblos, y los encomenderos proveen a los Frailes de mantenimiento, y vestuario, y ornamentos, y no es maravilla quel de las Casas no lo sepa, por quel no procuró de saber sino lo malo y no lo bueno, ni tuvo sosiego en esta nueva España, ni desprendió lengua de Indios, ni se humilló ni aplicó a les enseñar: su oficio fue escribir procesos y pecados que por todas partes han hecho los Españoles, y esto es lo que mucho encarece, y ciertamente solo este oficio no lo llevará al cielo, y lo que así escribe no es todo cierto ni muy averiguado; y se mira y notan bien los pecados y delitos atroces que en sola la ciudad de Sevilla han acontecido, y los que la justicia ha castigado de treinta años a esta parte, se hallarían más delitos y maldades y mas feas que cuantas han acontecido en toda esta nueva

España después que se conquistó, que son treinta y tres años: una de las cosas ques de haber compasión en toda esta tierra es de la ciudad de Chiapa y su sujeto, que después quel de las Casas allí entró por Obispo quedó destruida en lo temporal y en lo espiritual, que todo lo enconó, y plega a Dios no se diga dél que dejó las ánimas en las manos de los lobos y huyó; quia mercenarius est et non pastor, et non pertinet ad eum de ovibus. Cuando algún Obispo renuncia el Obispado, para dejar una Iglesia que por esposa recibió, tan grande obligación y mayor es el vínculo que a ella tiene que otra profesión de mas bajo estado, y así se da con gran solemnidad; y para dejar y desampararla, grandísima causa ha de haber, y donde no la hay, la tal renunciación mas se llama apostasía, y apostatar del alto y muy perfecto estado Obispal, que no otra cosa; y si fuera por causa de muy grandes enfermedades, o para meterse en un Monasterio muy estrecho para nunca ver hombre ni negocios mundanos, aun entonces río sabemos si delante de Dios está muy seguro el tal Obispo; mas para hacerse procurador en Corte, y para procurar como agora procura que los Indios le demanden por Proptetor; cuando la carta en que aquesto demandaba se vio en una Congregación de Frailes menores, todos se rieron della, y no tuvieron qué responder ni qué hablar en tal desvarío, y no mostrará él allá carta de capítulo o congregación de Frailes menores, y también procura que de acá le envíen dineros y negocios. Estas cosas ¿á quien parecerán bien? Yo creo que V. M. las aborrecerá, porques clara tentación de nuestro adversario para desasosiego suyo y de los otros. V. M. le debía mandar encerrar en un Monasterio porque no sea causa de mayores males, que si no yo tengo temor que ha de ir a Roma y será causa de turbación en la corte Romana: a los Estancieros, Calpixques y Mineros, llámalos verdugos, desalmados, inhumanos y crueles, y dado caso que algunos haya habido codiciosos y mal mirados, ciertamente hay otros muchos buenos Cristianos y piadosos y limosneros, y muchos dellos casados viven bien: no se dirá del de las Casas lo de San Lorenzo, que como diese la mitad de su sepultura al cuerpo de San Esteban, llamáronle el Español cortes. Dice en aquel confesionario, que ningún Español en esta tierra ha tenido buena fe cerca de las guerras, ni los Mercaderes en llevarles a vender mercaderías, y en esto juzga los corazones: asimismo dice que ninguno tuvo buena fe en el comprar y vender esclavos, y no tubo razón, pues muchos años se vendieron por las plazas con el yerro de V. M., y algunos años estuvieron muchos Cristianos bona fide y en ignorancia invencible: más dice, que siempre y hoy día están tiranizando los Indios. también esto va contra V. M., y si bien me acuerdo los años pasados, después que V. M. envió a don Antonio de Mendoza, se ayuntaron los Señores y principales de esta tierra y de su voluntad solemnemente dieron de nuevo la obediencia a V. M. por verse en nuestra Santa fe libres de guerras y de sacrificios, y en paz y en justicia: también dice que todo cuanto los Españoles tienen, cosa ninguna hay que no fuese robada, y en esto injuria a V. M. y a todos los que acá pasaron, así a los que truxeron haciendas como a otros muchos que las han comprado y adquirido justamente, y el de las Casas los deshonra por escrito y por carta impresa: pues cómo así se ha de infamar por un atrevido una nación Española con su príncipe, que mañana lo leerán los Indios y las otras naciones? Dice mas, que por estos muchos tiempos y años nunca habrá justa conquista ni guerra contra Indios; de las cosas questán por venir contengibles, de Dios es la providencia y él es el sabidor dellas, y aquel a quien su Divina Majestad las quisiere revelar, y el de las Casas en lo que dice quiere ser adivino o profeta, y será no verdadero profeta, porque dice el Señor será predicado este Evangelio en todo el universo, antes de la consumación del mundo: pues a V. M. conviene de oficio darse prisa que se predique el Santo Evangelio por todas estas tierras, y los que no quisieren oír de grado el Santo Evangelio de Jesu-Cristo, sea por fuerza; que aquí tiene lugar aquel proverbio, mas vale bueno por fuerza que malo por grado: y según la palabra del Señor, por el tesoro hallado en el campo se deben dar y vender todas las cosas, y comprar luego aquel campo, y pues sin dar mucho precio puede V. M. haber y comprar este tesoro de preciosas margaritas, que costaron el muy rico precio de la Sangre de Jesu-Cristo, porque si esto V. M. no procura, ¿quién hay en la tierra que pueda y deba ganar el precioso tesoro de ánimas que hay derramadas por estos campos y tierras? ¿Cómo se determina el de las Casas a decir que todos los tributos son y han sido mal llevados, y vemos que preguntando al Señor si se daría el tributo a César o no, respondió que sí, y él dice que son mal llevados? Si miramos cómo vino el señorío e imperio Romano, hallamos que primero los Babilónicos en tiempo de Nabuc-donosor Magno tomaron por guerra el señorío a los Asirios, que según San Jerónimo duró aquel reino mas de mil y trescientos años, y este reino de Nabuc-donosor fue la cabecera de oro de la estatua quel mismo vio, según la interpretación de Daniel cap. 2.º; y Nabuc-donosor fue el primero Monarca y cabeza de imperio. Después los Persas y Medos destruyeron a los Babilónicos en tiempo de Ciro y Darío, y este señorío fueron los pechos y brazos de la misma estatua: fueron dos brazos, conviene a saber, Ciro y Darío, y Persas y Medos; después los Griegos destruyeron a los Persas en tiempo de Alejandre Magno, y este señorío fue el vientre y muslos de metal, y fue de tanto sonido este metal que se oyó por todo el mundo, salvo en esta tierra, y salió la fama y temor del grande Alejandre questa escrito: siluit terra in conspectu eius; y como conquistase a Asia, los de Europa y África le enviaron Embajadores, y le fueron a esperar con dones a Babilonia, y allí le dieron la obediencia: después los Romanos sujetaron a los Griegos, y estos fueron las piernas y pies de yerro, que todos los metales consume y gasta: después la piedra cortada del monte sin marzos, cortó y disminuyó la estatua e idolatría, y este fue el reino de Xpo. Durante el señorío de los Emperadores Romanos, dijo el Señor que se diese el tributo a César; yo no me meto en determinar si fueron estas guerras mas o menos lícitas que aquellas, o cuál es más lícito tributo, este o aquel; esto determínenlo los Consejos de V. M. Mas es de notar lo que el Profeta Daniel dice en el mismo capítulo, que Dios muda los tiempos y edades, y pasa los reinos de un señorío en otro, y esto por los pecados, según parece en el reino de los Cananeos que los pasó Dios en los hijos de Israel, con grandísimos castigos, y el reino de Judea, por el pecado y muerte del Hijo de Dios, lo pasó a los Romanos, y los imperios aquí dichos: lo que yo a V. M. suplico, es el quinto reino de Jesu-Cristo significado en la piedra cortada del monte sin manos, que ha de henchir y ocupar toda la tierra, del cual reino V. M. es el caudillo y capitán, que mande V. M. poner toda la diligencia que sea posible para queste reino se cumpla y ensanche, y se predique a estos infieles, o a los mas cercanos, especialmente a los de la Florida, questán aquí a la puerta: quisiera yo ver al de las Casas quince o veinte años perseverar en confesar cada día diez o doce Indios enfermos llagados, y otros tantos sanos viejos que nunca se confesaron, y entender en otras cosas muchas espirituales tocantes a los Indios; y lo bueno es que allá a V. M. y a los demás sus Consejos para mostrarse muy celoso dice: Fulano no es amigo de Indios, es amigo de Españoles, no le deis crédito: plega a Dios que acierte él a ser amigo de Dios y de su propia ánima; lo que allá cela es de daños que hacen a los Indios, o de tierras que los Españoles demandan acá en esta nueva España, o de estancias questán en perjuicio y de daños a los Indios: ya no es el tiempo que solía por quel que hace daño de dos pesos paga cuatro, y el que hace daño de cinco paga ocho; cuanto al dar de las tierra podría V. M. dar de las sobradas baldíos y tierras heriales para los Españoles avecindados que se quieren aplicar a labrar la tierra, y otros acá nacidos que algo han de tener, y esto de que está sin perjuicio: y como de diez años a esta parte entre los Indios ha habido mucha mortandad y pestilencias grandes, falta muy mucha gente, que donde menos gente falta de tres partes faltan las dos, y en otros lugares de cinco partes faltan las cuatro, y en otros de ocho partes faltan las siete, y a esta causa sobran por todas partes muchas tierras, demás de los baldíos y tierras de guerra que no sembraban; y habiendo de dar, si V. M. mandare, de los baldíos y tierras de guerra, questos eran unos campos que dejaban entre Provincia y Provincia, y entre Señor y Señor, adonde salían a darse guerra, que antes que entrase la fe eran muy continuas, porque casi todos los que sacrificaban a los ídolos eran los que prendían en las guerras, y por eso en mas tenían prender uno que matar cinco; estas tierras que digo no las labraban; en estas hay lugar, si los Indios no tuviesen ya algunas ocupadas y cultivadas, pareciendo ser lícito, y podríalas V. M. dar con menos perjuicio y sin perjuicio alguno. cuanto a las estancias de los ganados, ya casi por todas partes se han sacado los ganados que hacían daño, especialmente los ganados mayores, no por falta de grandes campos, mas porque los traían sin guarda, y como no los recogen de noche a que duerman en corrales, corrían mucha tierra y hacían daño, y para el agostadero les han puesto y señalado tiempo en que han de entrar y salir, con sus penas, que acá por la bondad de Dios hay quien lo remedie, ques la justicia, y quien lo cele tan bien como el de las Casas: para ganados menores hay muchas tierras y campos por todas partes, y aun muy cerca de la gran Ciudad de Tenuxtitlan México hay muchas estancias sin perjuicio; y en el Valle de Toluca, que comienza a seis o siete leguas de México, hay muchas estancias de ganado mayor y menor; así mismo cerca de la Ciudad de los Ángeles, y en la Ciudad de Taxcala, y en los pueblos de Tepeyaca e itemachalco; y en todos estos pueblos y en sus términos hay muy grandes campos y dehesas donde se pueden apacentar muy muchos ganados sin perjuicio, especialmente ganados menores, que en nuestra España los traen muchas veces cerca de los panes, y el que hace daño págalo: acá hay muchos baldíos y muy grandes campos donde podrían por todas partes andar muchos mas ganados de los que hay, y quien otra cosa dice, es o porque no lo sabe o por que no lo ha visto; sola la provincia de Taxcala tiene de ancho diez leguas, y a partes once, y de largo quince, y a partes dieciséis leguas, y boja mas de cuarenta, y poco menos tiene la de Tecamachalco, y otros muchos pueblos tienen muchos baldíos, porque de cinco partes de término, no ocupan los Indios la una. y pues los ganados son tan provechosos y necesarios, y usan dellos ambas repúblicas de Españoles e indios, así de Bueyes y bacas y de caballos, como de todos los otros ganados, por qué no les darán lo que sobra y que se apacienten sin perjuicio, pues es bien para todos, y pues que ya muchos Indios usan de caballos, no seria malo que V. M. mandase que no se diese licencia para tener caballos sino a los principales señores, porque si se hacen los Indios a los caballos, muchos se van haciendo jinetes y querránse igualar por tiempo a los Españoles, y esta ventaja de los caballos y tiros de artillería es muy necesaria en esta tierra, porque da fuerza y ventaja a pocos contra muchos; y sepa V. M. que toda esta nueva España está desierta y desamparada sin fuerza ni fortaleza alguna, y nuestro adversario enemigo de todo bien, que siempre desea y procura discordias y guerras, y de entre los pies levanta peligros, y aunque no fuese mas de por que estamos en tierra ajena y los negros son tantos que algunas veces han estado concertados de se levantar y matar a los Españoles, y para esto la ciudad de los Ángeles está en mejor medio y comedio que ningún otro pueblo de la nueva España para se hacer en ella una fortaleza, y podríase hacer a menos costa por los muchos y buenos materiales que tiene, y seria seguridad para toda la tierra: a los pueblos que V. M. mas obligación tiene en toda esta Nueva España son Tezcuco y Tlacuba y México; la razón es que cada Señorío destos era un reino y cada Señor destos tenía diez provincias y muchos pueblos a sí sujetos, y demás desto entre estos Señoríos se repartían tributos de ciento y sesenta provincias y pueblos, y cada Señor destos era un no pequeño rey, y estos Señores luego que los cristianos llegaron y les fue requerido recibiesen la fe, dieron la obediencia a V. M., y Tezcuco y Tlacuba ayudaron a los Españoles en la conquista de México; los otros Señores de la tierra tienen y poseen sus señoríos y tributan a V. M., porques su rey y Señor y por que les administra V. M. doctrina y sacramentos y justicia, y les tiene en paz, que mas les da V. M. que dellos recibe, aunquel de las Casas no lo quiere considerar. Los Señores de Tezcuco y Tlacuba y México, aun de las estancias sujetas a sus cabeceras les quitaron y repartieron algunas, y estos se contentarán con que V. M. mande dar un pueblo pequeño o mediano que sirva al Señor de Tezcuco, y otro a su pueblo o república, y otro tanto al Señor y pueblo de Tlacuba, y esto cuanto a las cosas temporales, y cuanto a las espirituales, estas ánimas reclaman por ministros; y porque de España han salido y salen cada día muchos Religiosos para estas tierras, si V. M. mandase, en Flandes y en Italia hay muchos Frailes siervos de Dios muy doctos y muy deseosos de pasar a estas partes y de emplear en la conversión de infieles, y destas naciones que digo han estado en esta tierra y hoy día hay algunos siervos de Dios que han dado muy buen ejemplo y han mucho trabajado con estos naturales; demás desto la Iglesia mayor de México, ques la Metropolitana, está muy pobre, vieja, arremendada, que solamente se hizo de prestado veintinueve años ha; razón es que V. M. mande que se comience a edificar y la favorezca, pues de todas las Iglesias de la Nueva España es cauecera, madre y Señora, y así esta Iglesia como las otras Catedrales las mande V. M. dar sendos pueblos como antes tenían, que no había repartimientos tan bien empleados en toda la nueva España, y destos pueblos tienen mucha necesidad, para reparar, trastejar, barrer y adornar las Iglesias y las casas de los Obispos, que todos están pobres y adeudados; pues acá han tenido y tienen repartimientos zapateros y herreros, mucha mas necesidad tienen las Iglesias, pues no tienen rentas, y lo que tienen es muy poco: todo esto digo con deseo de servir e informar a V. M. de lo que desta tierra siento y he visto por espacio de treinta años que ha que pasamos acá por mandado de V. M., cuando trajimos los breves y bulas de León y Adriano que V. M. procuró, y habían de pasar acá y traer las dichas bulas el Cardenal de Santa Cruz Fr. Francisco de Quiñones y el padre fray Juan Clapion, que Dios tiene, y de doce que al principio de la conversión de esta gente venimos, ya no hay mas de dos vivos; y reciba V. M. esta carta con la intención que la escribo y no valga mas de cuanto fuere conforme a razón, justicia y verdad; y quedo como mínimo capellán rogando a Dios su santa gracia siempre more en la vendita ánima de V. M. para que siempre haga a su santa voluntad. Amen.

Después de lo arriba dicho vi y leí un tratado quel de las Casas compuso sobre la materia de los esclavos hechos en esta nueva España y en las Islas, y otro sobre el parecer que dio sobre que si habría repartimiento de Indios: el primero dice haber compuesto por Comisión del Consejo de las Indias, y el segundo por mandado de V. M., que no hay hombre humano de cualquier nación, ley o condición que sea que los lea, que no cobre aborrecimiento y odio mortal y tenga a todos los moradores desta nueva España por la mas cruel y mas abominable y mas infiel y detestable gente de cuantas naciones hay debajo del cielo, y en esto paran las escrituras que se escriben sin caridad y que proceden de ánimo ajeno de toda piedad y humanidad: yo ya no sé los tiempos que allá corren en la vieja España porque ha mas de treinta años que della salí, mas muchas veces y oído a Religiosos siervos de Dios y a Españoles buenos cristianos temerosos de Dios que vienen de España, que hallan acá mas cristiandad, mas fe, mas frecuentación de los Santos Sacramentos y mas caridad y limosna a todo género de pobres, que no en la vieja España: y Dios perdone al de las Casas que tan gravísimamente deshonra y disfama, y tan terriblemente injuria y afrenta una y muchas Comunidades, y una nación Española, y a su Príncipe y Consejos con todos los que en nombre de V. M. administran justicia en estos Reinos, y si el de las Casas quiere confesar verdad, a él quiero por testigo cuántas y cuán largas limosnas alló acá y con cuánta humildad soportaron su recia condición, y cómo muchas personas de calidad confiaron dél muchos e importantes negocios, y ofreciéndose guardar fidelidad diéronle mucho interese, y apenas en cosa alguna guardó lo que prometió, de lo cual entre otros muchos se quejaba el siervo de Dios fray Domingo de Betanzos en la carta ya dicha: bastar debiera al de las Casas haber dado su voto y decir lo que sentía cerca del encomendar los Indios a los Españoles, y que le quedara por escrito, y que no lo imprimiera con tantas injurias, deshonras y vituperios: sabido está qué pecado comete el que deshonra y disfama a uno, y mas el que disfama a muchos, y mucho mas el que disfama a una republica y nación; si el de las Casas llamase a los Españoles y moradores desta nueva España de tiranos, y ladrones, y robadores, y omecidas, y crueles salteadores, y cien veces pasaría; pero llamárselo cien veces ciento, más de la poca caridad y menos piedad que en sus palabras y escrituras tiene, y demás de las injurias y agravios y afrentas que a todos hace, por hablar en aquella escritura con V. M., fuera mucha razón que se templara y hablara con alguna color de humildad; y qué pueden aprovechar y edificar las palabras dichas sin piedad y sin humanidad; por cierto poco; yo no sé por qué razón por lo que uno hizo quiera el de las Casas condenar a ciento, y lo que cometieron diez, por qué lo quiere atribuir a mil, y disfama a cuantos acá han estado y están. ¿Dónde se halló condenar a muchos buenos por algunos pocos malos? Si el Señor hallara diez buenos en tiempo de Abraham y de Lot, perdonara a muy muchos; como por que en Sevilla y en Córdoba se hallan algunos ladrones y homeciados y herejes, los de aquellas Ciudades son todos ladrones, y tiranos y malos; pues no ha tenido México Tenochtitlán menos obediencia y lealtad a su rey con las otras Ciudades y villas de la nueva España, y es mucho más de agradecer cuanto mas lejos está de su rey; si las cosas quel de las Casas o Casaus escribe fueran verdaderas, por cierto V. M. había de tener mucha queja de cuantos acá ha enviado, y ellos serian dinos de gran pena, así los Obispos como Perlados mayores y mas obligados a se oponer a morir por sus ovejas, y clamar a Dios y a V. M. por remedio para conservar su grey, y así vemos que los Obispos desta nueva España, los buenos perseveran en los trabajos de sus cargos y oficios que apenas reposan de día ni de noche, y también tendría V. M. queja de los Oidores y de los Presidentes que ha proveído en las Audiencias por todas partes con largos salarios, y en sola esta nueva España está Audiencia en México, y en la nueva Galicia, y en Guatemala; pues todos estos duermen y echan sobre sus conciencias tantos pecados ajenos como el de las Casas dice: no está V. M. tan descuidado ni tan dormido como lo significa el de las Casas, ni deja V. M. de punir ni castigar a los que no le guarden fidelidad; cosa es de notar la punición que V. M. mandó hacer y castigo que dio a una Audiencia que apenas había comenzado a hacer su oficio cuando los Oidores fueron allá presos, y el Presidente y Gobernador de la nueva España estuvo acá mas de un año preso en la cárcel pública, y allá fue a se acabar de pagar de sus culpas; y también ha V. M. de estar indiñado contra los Cabildos desta nueva España, así de las Iglesias como de las Ciudades, pues todos son proveídos por V. M. para descargo y regimiento de vuestros vasallos y repúblicas, si no hiciesen lo que deben, y la misma queja debería V. M. tener de los Religiosos de todas las órdenes que acá V. M. envía, no con poca costa ni trabajo de los sacar de las provincias Despaña, y acá les manda hacer los Monasterios, y que les den cálices y campana, y algunos han recibido preciosos ornamentos; con razón podría V. M. decir, pues cómo todos son canes mudos, que sin ladrar ni dar voces consientan que la tierra se destruya; no por cierto, mas antes casi todos cada uno en su oficio hacen lo que deben:

cuando yo supe lo que escribía el de las Casas tenía queja de los del Consejo por que consentían que tal cosa se imprimiese: después bien mirado vi que la impresión era hecha en Sevilla al tiempo que los navíos se querían partir, como cosa de hurto y mal hecho, y creo ha sido cosa permitida por Dios, y para que se sepan y respondan a las cosas del de las Casas, aunque será con otra templanza y caridad, y mas de lo que sus escrituras merecen, porquel se convierta a Dios y satisfaga a tantos como ha dañado y falsamente infamado, y para que en esta vida pueda hacer penitencia, y también para que V. M. sea informado de la verdad y conozca el servicio quel capitán D. Hernando Cortés y sus compañeros le han fecho, y la muy leal fidelidad que siempre esta nueva España ha tenido a V. M., por cierto dina de remuneración; y sepa V. M. por cierto, que los Indios desta nueva España están bien tratados, y tienen menos pecho y tributo que los Labradores de la vieja España, cada uno en su manera; digo casi todos los Indios, porque algunos pocos pueblos hay que su tasación se hizo antes de la gran pestilencia, que no están modificados sus tributos; estas tasaciones ha de mandar V. M. que se tornen a hacer de nuevo, y el día de hoy los Indios saben y entienden muy bien su tasación, y no darán un tomin de mas en ninguna manera, ni el encomendero les osará pedir un cacao mas de lo que tienen en su tasación, ni tampoco el confesor los absolverá si no lo restituyese, y la justicia le castigaría cuando lo supiese, y no hay aquel descuido ni tiranías que el de las Casas tantas veces dice, porque, gloria sea a Dios, acá a habido en lo espiritual mucho cuidado y celo en los predicadores, y vigilancia en los confesores, y en los que administran justicia obediencia para ejecutar lo que V. M. manda cerca del buen tratamiento y defensión destos naturales; y en realidad de verdad pasa así esto que digo: de diez años a esta parte falta mucha gente destos naturales, y esto no lo han causado malos tratamientos, por que ha muchos años que los Indios son bien tratados, mirados y defendidos, mas hálo causado muy grandes enfermedades y pestilencias que en esta nueva España ha habido, y cada día se van mucho apocando estos naturales; cual sea la causa Dios es el sabidor por que sus juicios son muchos, y a nosotros escondidos: si la causan los grandes pecados e idolatrías que en esta tierra había, no lo sé; empero veo que la tierra de promisión que poseían aquellas siete generaciones idólatras, por mandado de Dios fueron destruidas por Josué, y después se pobló de hijos de Israel, en tanta manera, que cuando David contó el pueblo lo halló en los diez tribus de solos varones fuertes de guerra ochocientos mil; y del tribu de Judá y Benjamín quinientos mil, y después en el tiempo del rey Asá de los dos tribus en la batalla que dio Zara al rey de los Etíopes se hallaron quinientos y ochenta mil hombres de guerra, y fue tan pobladísima aquella tierra quen sola la Ciudad de Jerusalén se lee que había mas de ciento y cincuenta mil vecinos, y agora en todos aquellos reinos no hay tantos vecinos como solía haber en Jerusalén, ni como la mitad: la causa de aquella destrucción y la de esta tierra e islas, Dios la sabe, que cuantos mas medios y remedios V. M. y los reyes Católicos de santa memoria humanamente han sido posible proveer, los han proveído, y no basta, ni ha bastado consejo ni poderío humano para lo remediar; gran cosa es que se hayan salvado muchas ánimas y cada día se salvan, y se han impedido y estorbado muchos males e idolatrías, y homicidios, y grandes ofensas de Dios: lo que al presente mucho conviene es, que V. M. mande dar asiento a esta tierra, que así como agora está padece mucho detrimento, y para esto asaz informaciones tiene V. M. y muy bien entendido lo que mas conviene, y en los Consejos de V. M. hay muchas informaciones para con brevedad poner el asiento que Dios y V. M. sean servidos; y esto conviene mucho a ambas repúblicas de Españoles y de los Indios, por que así como en España para la conservación de paz y justicia hay guarniciones, y en Italia un ejército, y en las fronteras siempre hay gente de armas, no menos conviene en esta tierra. Decía D. Antonio de Mendoza, Visorrey desta tierra: si a esta tierra no se le da asiento no puede mucho durar; durará diez o doce años, y con mucho detrimento, y si mucha prisa se le diere, no durará tanto.

Toda esta tierra está carísima y falta de bastimentos, lo cual solía muy mucho abundar y muy barato todo, y ya que la gente estaba pobre tenían que comer: agora los Españoles pobres y deudados, mucha gente ociosa y deseosa que hubiese en los naturales la menor ocasión del mundo para los robar, por que dicen que los Indios están ricos y los Españoles pobres y muriendo de hambre; los Españoles que algo tienen procuran de hacer su pella y volverse a Castilla; los navíos que de acá parten van cargados de oro y plata, así de V. M. como de Mercaderes y hombres ricos, y quedan los pobres en necesidad: ya V. M. podrá ver en qué puede parar una tierra que tiene su rey y gobernación dos mil leguas de sí; y ya el asiento desta tierra mas conviene a los Indios que a los Españoles; dejo de decir las razones por no ser mas prolijo, y para dar asiento a esta tierra sé que V. M. tiene buena voluntad y ciencia y experiencia para el cómo, y no faltan oraciones para que Dios dé su gracia; tengo confianza que se a de acertar y que ha de ser Dios servido con lo que V. M. determinare, y esta tierra remediada.

En el tratado que imprimió el de las Casas o Casaus, entre otras cosas principalmente yerra en tres, esto es, en el hacer de los esclavos, en el número y en el tratamiento; cuanto al hacer de los esclavos en esta nueva España, pone allí trece maneras de hacellos, que una ninguna es así como él escribe; bien parece que supo poco de los ritos y costumbres de los Indios desta nueva España: en aquel libro que dio, en la 4.ª parte, en el capítulo 22 y 23, se hallarán once maneras de hacer esclavos, y aquellas son las que dimos al Obispo de México: tres o cuatro Frailes hemos escrito de las antiguallas y costumbres questos naturales tuvieron, y yo tengo lo que los otros escribieron, y por que a mi me costó mas trabajo y mas tiempo no es maravilla que lo tenga mejor recopilado y entendido que otro: así mismo dice de Indios esclavos que se hacían en las guerras, y gasta no poco papel en ello, y en esto también parece que sabe poco de lo que pasaba en las guerras destos naturales, por que ningún esclavo se hacían en ellas, ni rescataban ninguno de los que en las guerras prendían, mas todos los guardaban para sacrificar, porquesta era la gente que generalmente se sacrificaba por toda esta tierra; muy poquitos eran los otros que sacrificaban, sino los tomados en guerra, por lo cual las guerras eran muy continuas, por que para cumplir con sus crueles Dioses, y para solemnizar sus fiestas, y honrar sus templos andaban por muchas partes haciendo guerra y salteando hombres para sacrificar a los demonios y ofrecerles corazones y sangre humana; por la cual causa padecían muchos inocentes; y no parece ser pequeña causa de hacer guerra a los que ansí oprimen y matan los inocentes, y estos con gemidos y clamores demandaban a Dios y a los hombres ser socorridos, pues padecían muerte tan injustamente, y esto es una de las causas, como V. M. sabe, por la cual se puede hacer guerra; y tenían esta costumbre, que si algún señor o principal de los presos en guerra se soltaba, los mismos de su pueblo lo sacrificaban, y si era hombre bajo que se llamaba Macebal, su Señor le daba mantas; y esto y lo demás que pasaba en las guerras parece en el mismo libro, en la cuarta parte capítulo 14, 15, 16.

Cuanto al número de los esclavos, en una parte pone que se habrán fecho tres cuentos desclavos y en otra dice cuatro cuentos; las provincias y parte quel de las Casas dice haberse hecho los dichos esclavos son estas: México, Quaçacualco, Pánuco, Jalisco, Chiapa, Quautimala, Honduras, Yucatán, Nicaragua, la costa de San Miguel, Venezuela; no fuera malo que también dijera siquiera por humildad de la costa de Parique y Cubaua, ya que fue allá y cómo le fue allá; casi todas las partes que pone son en esta nueva España; yo tenía sumadas las provincias y partes que dice haberse hecho esclavos, y antes mas que menos, que por no ser prolijo dejo de particularizar, y por todos no allegan a doscientos mil: y comunicado este número con otros que tienen experiencia y son mas antiguos en la tierra, me certifican que no son ciento y cincuenta mil, ni pasan de cien mil; yo digo que fuesen doscientos mil; cuanto al número de tres qüentos excede y pone de mas dos qüentos y ochocientos mil, y cuanto al número de cuatro qüentos, pone de mas tres qüentos y ochocientos mil: y así son muchos de sus encarecimientos, en los cuales a V. M. pone en grande escrúpulo y agravia malamente y deshonra a sus próximos por carta impresa; y este número desclavos cosa es que se puede saber por los libros de V. M., por los quintos que ha recibido; y cuanto, al tratamiento, yo de la nueva España hablo, en la cual ya casi todos están hechos libres: según lo que tengo entendido, en todo el mundo podrá haber mil esclavos por libertar, y estos cada día se van libertando, y antes de un año apenas queda esclavo Indio en la tierra; por que para los libertar V. M. hizo lo que debía, y aun mas, pues mandó que los que poseían esclavos probasen cómo aquellos eran verdaderos esclavos, lo cual era casi imposible, y de derecho incumbía lo contrario, y convino lo que V. M. mandó, por que los menos eran bien hechos: dice que en todas las Indias nunca hubo causa justa para hacer uno ni ningún esclavo; tal sabe: él dice quel que no ha salido de México ni de sus alrededores, que no es maravilla que sepa poco desto: el de las Casas estuvo en esta tierra obra de siete años, y fue como dicen que llevó cinco de calle; Fraile a habido en esta nueva España que fue de México hasta Nicaragua, que son cuatrocientas leguas, que no se le quedaron en todo el camino dos pueblos que no predicase, y dijese misa, y enseñase, y bautizase niños ú adultos, pocos o muchos, y los Frailes acá han visto y sabido un poco mas quel de las Casas cerca del buen tratamiento de los esclavos, así la justicia de su oficio como los frailes predicadores y confesores, que desde el principio hubo frailes menores, y después vinieron los de las otras órdenes; estos siempre tuvieron especial cuidado que los Indios, especialmente los esclavos, fuesen bien tratados y enseñados en toda doctrina y cristiandad, y Dios ques el principal obrador de todo bien; luego los Españoles comenzaron a enseñar y a llevar a las Iglesias a sus esclavos a bautizar, y a que se enseñasen, y a los casar, y a los questo no hacían no los absolvían, y muchos años ha que los esclavos y criados Despañoles están casados in facie ecclesiae; y yo he visto muy muchos, así en lo de México, Guajaca y Guatemala como en otras partes, casados con sus hijos, y sus casas, y su peculio, buenos cristianos y bien casados, y no es razón quel de las Casas diga quel servicio de los Cristianos pesa mas que cien torres, y que los españoles estiman en menos los Indios que las vestías, y aun quel estiércol de las plazas; paréceme ques gran cargo de conciencia atreverse a decir tal cosa a V. M.; y hablando con grandísima temeridad. dice: quel servicio que los Españoles por fuerza toman a los Indios, que en ser incomportable y durísimo excede a todos los tiranos del mundo, sobrepuja e iguala al de los demonios; aun de los vivientes sin Dios y sin ley no se debería decir tal cosa; Dios me libre de quien tal osa decir; el yerro que se llama de rescate de V. M. vino a aquesta nueva España el año 1524, mediado mayo; luego que fue llegado a México el capitán don Hernando Cortés que a la sazón gobernaba, ayuntó en San Francisco con Frailes los letrados que liabia en la Ciudad, y yo me hallé presente y vi que le pesó al Gobernador por el yerro que venía y lo contradijo, y desque mas no pudo limitó mucho la licencia que traía para herrar esclavos, y los que se hicieron fuera de las limitaciones fue en su ausencia, porque se partió para las Higuerras: y algunos que murmuraron del marqués del Valle, que Dios tiene, y quieren ennegrecer y oscurecer sus obras, yo creo que delante de Dios no son sus obras tan acetas como lo fueron las del Marques; aunque como hombre fuese pecador, tenía fe y obras de buen cristiano, y muy gran deseo de emplear la vida y hacienda por ampliar y aumentar la fe de Jesu-Cristo, y morir por la conversión destos gentiles, y en esto hablaba con mucho espíritu, como aquel a quien Dios había dado este don y deseo, y le había puesto por singular capitán desta tierra de Occidente; confesábase con muchas lágrimas y comulgaba devotamente, y ponía a su ánima y hacienda en manos del confesor para que mandase y dispusiese della todo lo que convenía a su conciencia, y así buscó en España muy grandes confesores Letrados con los cuales ordenó su ánima, e hizo grandes restituciones y largas limosnas, y Dios le visitó con grandes aflicciones, trabajos y enfermedades para purgar sus culpas y alimpiar su ánima, y creo ques hijo de salvación, y que tiene mayor corona que otros que lo menosprecian: desde que entró en esta nueva España trabajó mucho de dar a entender a los Indios el conocimiento de un Dios verdadero y de les hacer predicar el Santo evangelio, y les decía cómo era mensajero de V. M. en la conquista de México, y mientras en esta tierra anduvo cada día trabajaba de oír misa, ayunaba los ayunos de la iglesia y otros días por devoción; deparóle Dios en esta tierra dos intérpretes, un Español que se llamaba Aguilar y una India que se llamó doña Marina; con estos predicaba a los Indios y les daba a entender quién era Dios y quién eran sus Ídolos, y así destruía los Ídolos y cuanta idolatría podía: trabajó de decir verdad y de ser hombre de su palabra, lo cual aprovechó mucho con los Indios; traía por bandera un cruz colorada en campo negro, en medio de unos fuegos azules y blancos, y la letra decía: amigos, sigamos la cruz de Cristo, que si en nos hubiere fe, en esta señal venceremos. Do quiera que llegaba luego levantaba la cruz; cosa fue maravillosa del esfuerzo, y ánimo, y prudencia que Dios le dio en todas las cosas que en esta tierra aprendió, y muy de notar es la osadía y fuerzas que Dios le dio para destruir y derribar los Ídolos principales de México, que eran unas estatuas de mas de quince pies en alto, y armado de mucho peso de armas tomó una barra de hierro, y se levantaba tan alto hasta llegar a dar en los ojos y en la cabeza de los Ídolos; y estando para derriballos envióle a decir el gran Señor de México Moteczuma que no se atreviese a tocar a sus Dioses, por que a él y a todos los Cristianos mataría luego: entonces el capitán se volvió a sus compañeros con mucho espíritu, y medio llorando les dijo: hermanos, de cuanto hacemos por nuestras vidas e intereses, agora muramos aquí por la honra de Dios, y por que los Demonios no sean adorados; y respondió a los mensajeros, que deseaba poner la vida y que no cesaría de lo comenzado, y que aquellos no eran Dioses sino piedras y figuras del Demonio, y que viniesen luego; y no siendo con el Gobernador sino 130 cristianos y los Indios eran sin número, así los atemorizó Dios y el ánimo que vieron en su capitán, que no se osaron menear: destruidos los Ídolos puso allí la imagen de nuestra Señora; en aquel tiempo faltaba el agua y secábanse los maizales, y trayendo los Indios muchas cañas de maíz que se secaban dijeron al capitán, que si no llovía que todos perecerían de hambre; entonces el marques les dio confianza diciendo: que ellos rogarían a Dios y a Santa María para que les diese agua, y a sus compañeros rogó que todos se aparejasen, y aquella noche se confesasen a Dios y le demandasen su misericordia y gracia: y otro día salieron en procesión, y en la misa se comulgó el capitán, y como estuviese el cielo sereno, súpito vino tanta agua, que antes que allegasen a los aposentos, que no estaban rnuy lejos, ya iban todos hechos agua; esto fue grande edificación y predicación a los Indios, por que desde allí adelante llovió bien, y fue muy buen año: siempre quel capitán tenía lugar, después de haber dado a los Indios noticia de Dios, les decía que lo tuviesen por amigo, como a mensajero de un gran rey y en cuyo nombre venía, y que de su parte les prometía serian amados y bien tratados, por que era grande amigo del Dios que les predicaba: ¿quién así amó y defendió los Indios en este mundo nuevo como Cortés? amonestaba y rogaba mucho a sus compañeros que no tocasen a los Indios ni a sus cosas, y estando toda la tierra llena de maizales, apenas había Español que osase coger una mazorca; y por que un Español llamado Juan Polanco cerca del puerto entró en casa de un Indio y tomó cierta ropa, le mandó dar cien azotes, y a otro llamado Mora por que tomó una gallina a Indios de paz le mandó ahorcar, y si Pedro de Albarado no le cortase la soga allí quedara y acabara su vida: dos negros suyos, que no tenían cosa de mas valor, por que tomaron a unos Indios dos mantas y una gallina los mandó ahorcar; otro español por que desgajó un árbol de fruta y los Indios se le quejaron, le mandó afrentar: no quería que nadie tocase a los Indios ni los cargase, so pena de cada cuarenta pesos: y el día que yo desembarqué viniendo del puerto para Medellín cerca de donde agora está la Vera-Cruz, como viniésemos por un arenal y en tierra caliente, y el Sol que ardía, había hasta el pueblo tres leguas, rogué a un Español que consigo llevaba dos Indios, que el uno me llevase el manto, y no lo osó hacer afirmando que le llevarían cuarenta pesos de pena, y así me traje el manto acuestas todo el camino: donde no podía excusar guerra, rogaba Cortés a sus compañeros que se defendiesen cuanto buenamente pudiesen sin ofender, y que cuando mas no pudiesen decía que era mejor herir que matar, y que mas temor ponía ir un Indio herido que quedar dos muertos en el campo; siempre tuvo el Marques en esta tierra émulos y contrarios que trabajaron oscurecer los servicios que a Dios y a V. M. hizo, y allá no faltaron, que si por estos no fuera, bien sé que V. M. siempre le tuvo especial afición y amor, y a sus compañeros; por este capitán nos abrió Dios la puerta para predicar su Santo evangelio, y este puso a los Indios que tuviesen reverencia a los santos Sacramentos, y a los Ministros de la Iglesia en acatamiento; por esto me he alargado, ya ques difunto, para defender en algo su vida: la gracia del Espíritu Santo more siempre en el ánima de V. M. Amen. De Taxcala, 2 de enero de 1555 años: humilde siervo y mínimo capellán de V. M.

FR. TORIBIO MOTOLINIA

## Libros a la carta

A la carta es un servicio especializado para
empresas,
librerías,
bibliotecas,
editoriales
y centros de enseñanza;
y permite confeccionar libros que, por su formato y concepción, sirven a los propósitos más específicos de estas instituciones.

Las empresas nos encargan ediciones personalizadas para marketing editorial o para regalos institucionales. Y los interesados solicitan, a título personal, ediciones antiguas, o no disponibles en el mercado; y las acompañan con notas y comentarios críticos.

Las ediciones tienen como apoyo un libro de estilo con todo tipo de referencias sobre los criterios de tratamiento tipográfico aplicados a nuestros libros que puede ser consultado en Linkgua-ediciones.com.

Linkgua edita por encargo diferentes versiones de una misma obra con distintos tratamientos ortotipográficos (actualizaciones de carácter divulgativo de un clásico, o versiones estrictamente fieles a la edición original de referencia).

Este servicio de ediciones a la carta le permitirá, si usted se dedica a la enseñanza, tener una forma de hacer pública su interpretación de un texto y, sobre una versión digitalizada «base», usted podrá introducir interpretaciones del texto fuente. Es un tópico que los profesores denuncien en clase los desmanes de una edición, o vayan comentando errores de interpretación de un texto y esta es una solución útil a esa necesidad del mundo académico.

Asimismo publicamos de manera sistemática, en un mismo catálogo, tesis doctorales y actas de congresos académicos, que son distribuidas a través de nuestra Web.

El servicio de «libros a la carta» funciona de dos formas.

1. Tenemos un fondo de libros digitalizados que usted puede personalizar en tiradas de al menos cinco ejemplares. Estas personalizaciones pueden ser de todo tipo: añadir notas de clase para uso de un grupo de estudiantes, introducir logos corporativos para uso con fines de marketing empresarial, etc. etc.

2. Buscamos libros descatalogados de otras editoriales y los reeditamos en tiradas cortas a petición de un cliente.

www.ingramcontent.com/pod-product-compliance
Lightning Source LLC
LaVergne TN
LVHW101933220826
846093LV00009B/448

* 9 7 8 8 4 9 0 0 7 1 7 6 2 *